Hacks Ava

para Twitch

Contenido

La aparición de Twitch..5

Conoce cómo tener acceso a Twitch..8

El contenido de valor que se ofrece en los streamings de Twitch 13

Conoce sobre el pago Prime gaming o la suscripción de los canales 15

El nivel de seguridad que ofrece Twitch 17

Las diversas temáticas en Twitch...19

Aprende los pasos para crear una cuenta de Twitch.............20

El funcionamiento de Twitch...21

Twitch Prime y todo lo que representa 24

Aprende a transmitir en Twitch...24

Las funciones del panel de control de Twitch 26

Las configuraciones adicionales del canal...............................36

Formas de ganar seguidores en Twitch....................................38

Descubre cómo ganar dinero en Twitch 46

La celebración de Twitchcon 48

El ofrecimiento de Twitch por encima de los videojuegos 49

Lo que necesitas saber para empezar en Twitch 51

Realizar streaming en Twitch por medio de consolas de videojuegos ...59

Transmitir en Twitch por medio de un PC.................................61

Cómo retransmitir en Twitch por medio de Xbox One 66

Conoce la forma de retrasmitir en Twitch por medio del PS4.................68

Cómo es posible retransmitir en Twitch a través de Nintendo Switch 69

Aprende cómo retransmitir en Twitch por medio de un portátil..............72

Trucos para la captura de momentos épicos en Twitch..........................82

De qué forma generar audiencia en tu cuenta de Twitch 83

La tendencia streaming es una de las modalidades preferidas en la actualidad, ya que se trata de una forma o presentación de contenido más interactiva, la mejor propuesta de esta clase de contenido se encuentra por medio de Twitch, esta es una plataforma interesante que cada vez añade más funciones para hacer brillar cada cuenta.

El servicio y las opciones que ofrece esta plataforma para cada cuenta es algo que debes conocer, ya sea para disfrutar de cada alternativa de entretenimiento o para formar una cuenta con la que puedas hacer reconocido tu usuario y al mismo tiempo generar dinero, por eso vas a contar con los datos más básicos y avanzados de este medio.

La aparición de Twitch

La trayectoria en Twitch inicia desde el año 2011, desde ese momento empezó un camino exitoso, más allá de que fuera una opción secundaria de streaming detrás de YouTube, luego con el tiempo se ganó un lugar mucho más protagonista sobre los usuarios, sobre todo con el apoyo de Amazon que adquirió esta plataforma tras su evolución.

Se define como una plataforma de videojuegos, porque al ser un espacio ideal para el streaming, cada vez más gamers crean un canal en Twitch, sobre todo porque hay mucho contenido por explotar sobre un juego o cualquier otra temática, por eso en la actualidad todavía es factible crear y hacer crecer una cuenta.

Este servicio de streaming gana un amplio poder de popularidad incluso sobre los niños, los orígenes de la plataforma tienen mucho que ver con impulsar el streaming para toda clase de finalidad ya sea para un blog, música, cocina y demás, aunque la temática más conocida es la de los videojuegos.

El punto a favor de Twitch surge por medio de e-sports, ya que los deportes electrónicos fueron uno de los primeros ofrecimientos de contenido que se fueron consolidando cada vez más hasta este punto actual, por ello es un espacio ideal para las retransmisiones de partidas de videojuegos, sin importar el género.

Del mismo Twitch además de sus streamings, brilló por incluir chat directo, de esa manera los streamers pueden mantener un feedback a medida que desarrollan la retransmisión, creando un lazo con los usuarios o fans en tiempo real, de ese modo se emite la sensación de ser escuchado o atendido, para crear un vínculo entre streamer y fan.

La formación de Twitch fue parte de un ofrecimiento de Justin.tv, el cual es un servicio con gran similitud a YouTube, pero su fuerte se encontraba sobre los directos, porque los demás servicios de esta categoría solo emiten videos de manera diferida, pero en el año 2014 Justin.tv cambió su organización para sólo ser Twitch Interactive.

Ese tipo de cambio fue una respuesta a la enorme popularidad y a la cantidad de tráfico que emite Twitch, ese mismo año la plataforma logró estar entre las primeras cuatro plataformas con mayor nivel de tráfico en línea, causando que fuera habitual que de formal mensual llegara a 50 millones de visitas únicas.

En vista a este fenómeno es que se despierta el interés de Amazon, hasta el punto de comprar la plataforma, esta operación financiera se estima en 800 millones de euros, desde esa compra Twitch no ha dejado de crecer, al mismo nivel que aumentaban las visitas de ese mismo modo se añadían funciones.

Una de las novedades es que los usuarios pueden ofrecer propinas a los streamers que deseen, además de crear y promocionar contenido pago para la comunidad de usuarios Premium, de esta manera en el año 202 se posicionó como un servicio de streaming reconocido hasta superar y dejar a un lado a YouTube Gaming.

La oportunidad de visualización que proporciona Twitch es auténtica, ya que diariamente puede agrupar hasta 15 millones de usuarios que buscan visualizar uno de los 3,8 millones de canales, por eso la creación de una cuenta sobre esta plataforma es una ventana importante para ofrecer contenido de este nivel.

Conoce cómo tener acceso a Twitch

Si deseas ser parte de Twitch, lo primero que debes hacer es ingresar al sitio web o usar sus aplicaciones ya sea para un dispositivo móvil o una consola, además esta plataforma te permite visualizar contenido sin registrarte, pero para participar en el chat con el streamers si necesitas tener una cuenta.

Las ventajas de una cuenta de Twitch son esenciales, sobre todo porque puedes recibir notificaciones cuando vayan a emitir algún en vivo y sea un streamer favorito, por ello crear tu propio canal es una buena decisión a considerar, debes saber que este es un proceso gratuito y sólo debes colocar un nombre de usuario, contraseña, datos de nacimiento y correo electrónico.

- ## Descubre cómo hallar canales en Twitch

Al ingresar en Twitch puedes conseguir una gran cantidad de canales interesantes, por medio de la página o sección principal van a surgir las categorías que son tendencia en ese momento, normalmente la categoría dominante es la del videojuego, dentro de la cual resalta Genshin, League of Legends y Rust.

Cada temporada o innovación de estos juegos es aprovechada por los streamers especializados sobre esa temática, si no deseas visualizar alguna de esas categorías puedes realizar clic en "Explorar" para que conozcas un amplio directorio de temáticas, porque más allá de los juegos también existe un buen ofrecimiento de contenido.

Una de las categorías más curiosas o frecuentadas es la de usuarios charlando o debatiendo algún tema, incluso algunas cuentas crean un horario fijo para presentar sus entrevistas como una especie de noticiero o debate que esperan los usuarios, es una vía mucho más interactiva en comparación de una radio o podcast.

Los temas son tratados o presentados al ritmo del chat, por otro lado, se puede descubrir lo que ofrece el mundo de Twitch, donde brillan también las cuentas que narran viajes o forman parte de esta temática, estos son directos que buscan compartir experiencias, esta una muestra de que no todo es contenido gaming.

Otra categoría interesante es la de Talk shows y podcasts, para desarrollar todo tipo de programas, además por medio de la sección arte se exponen a los dibujantes cómo van generando ese paso a paso de algún proyecto, lo mismo ocurre con la categoría de música por ser donde los artistas emiten en vivo sus canciones y cumplen peticiones o responden preguntas.

Más allá del tipo de contenido que elijas, puedes emplear un sistema de etiquetas para filtrar y especializar la búsqueda, estas son palabras en gris que se encuentran debajo de los directos, si realizas clic sobre estos, la propia página web se encarga de reordenar los streamings que estén relacionados con esta etiqueta.

Otra forma de buscar sobre esta plataforma, es manualmente sobre el buscador, además necesitas prestar atención a las etiquetas que están siendo tendencia en el momento, para cada tipo de categoría vas a encontrar dos divisiones, entre vídeo y clip, estas proporcionan contenido diferido, como grabaciones de directos de otras fechas anteriores.

Esto significa que cuando te pierdes de algún tipo de streaming tienes la oportunidad de revivirlo, pero la distinción sobre estas secciones es que "videos" se trata de agrupar las retransmisiones por completo, las cuales pueden durar hasta más de dos horas, en cambio los clips son fragmentos cortos que se presentan como los mejores momentos y a veces son creados por los fans.

En Twitch hay mucho por encontrar, ya que es una plataforma a la cual se le pueden destinar diferentes usos, los creadores de contenido tienen la oportunidad de innovar, por eso han surgido canales que poseen relación estrecha con la explicación y el debate de la política.

- **Que puedes realizar mientras disfrutas de un directo**

Una vez que selecciones algún canal que te guste, puedes hacer clic en "seguir", este es un símbolo descrito como corazón púrpura, de ese modo se adjunta a tu lista, para que recibas notificaciones, como un aviso que emite Twitch sobre la próxima vez que el canal realice un directo.

Si en algún momento quieres dejar de recibir notificaciones, solo debes desactivar la campana, o si te arrepientes de seguir un canal y deseas dejar de seguirlo, con hacer clic nuevamente en el corazón, en dado caso de que conozcas algún usuario que le pueda agradar el canal, sólo puedes hacer clic en el ícono de la flecha hacia arriba.

Encima de la bandeja se encuentra la opción de recomendar un canal, de ese modo surgen alternativas para compartir la URL para postearlo en redes sociales o cualquier otro medio, de igual forma cuando un contenido rompa las normas de la plataforma como lo son los comentarios racistas, contenido sexual y otros, puedes denunciar al creador.

Sobre la parte derecha puedes visualizar las opciones del chat, debes seguir el canal de manera previa, para luego hacer clic en "enviar un mensaje", de ese modo puedes escribir y enviar lo que quieras, siempre y cuando no infrinjas ninguna norma, dentro de esta modalidad puedes usar emojis al hacer clic sobre la carita.

Estas opciones causan que puedas visualizar los emojis más usados, de igual formado puedes personalizar los emojis de este chat, o cualquier otro tipo de expresión, pero cuando tienen candados significa que debes seguir y suscribirte al canal para utilizarlo, en caso de que el chat te moleste demasiado puedes hacer clic en la flecha para minimizarlo.

En el desarrollo del chat puedes toparte con que alguien te caiga bien, puedes seguirlo al realizar clic sobre su nombre, puedes hacer clic sobre las dos opciones, en añadir amigo o en susurrar, lo normal es primero seleccionar en susurrar para que tengas la oportunidad de enviar un mensaje y presentarte para que se añadan mutuamente.

Al igual que puedes hacer clic sobre el icono de personitas que está encima del chat, de esta manera vas a invocar una lista de usuarios para que tengas ese contacto que te interesa.

El contenido de valor que se ofrece en los streamings de Twitch

Para pensar en el tipo de valor que puedes crear y ofrecer en Twitch, es sencillo cuando navegas por toda la plataforma para tener una idea sobre lo que se ofrece, además mientras entiendas la forma en la que se desarrolla esta plataforma o su forma de ser, será más fácil formar parte de este tipo de entorno.

Seguir la idea por la cual muchas personas se reúnen para disfrutar de streaming, ayuda a que construyas contenido que cumpla con esas expectativas, sobre todo cuando habitan diferentes factores sobre esta clase de plataforma, normalmente los canales que reciben más tención son los que exponen demos o versiones adelantadas de los juegos más seguidos.

En el caso de los fanáticos de Call of Duty, pueden estar interesados en streamers que emiten alguna entrega o truco sobre este tema, de igual forma cuando observas algunos gameplays que funciona como una ayuda para tratar cualquier duda sobre un juego, pero cuando dudas que ese sea tu fuerte, lo mejor es apostar por otra vía.

Lo esencial es que conozcas por completo sobre el tema que esperas tratar, por ello se trata de una dedicación amplia, porque la intención es que tu cuenta sea un medio para que descubras más detalles sobre esa entrega, sin pensar en el dinero o la fama de igual forma necesita ser una entrega con la cual te diviertas.

No es recomendable empezar con una inversión pesada, sino probar con opciones de valor que te ayuden a contar con un buen inicio para ir incrementando el nivel hasta crear una comunidad que te siga, lo importante es tomar la decisión de prepararte y ser creativo sobre ese tema para mostrar lo mejor del mismo.

Para no ser redundante, no puedes perder de vista la instauración de una temática creativa, donde tu personalidad también sea un punto de atracción, ya que el contenido no sólo se elige por el título sino por lo que transmite el streamer, porque la intención es que el usuario pueda pasarla bien y sobre todo que pueda interactuar.

Llegar a triunfar en Twitch es posible cuando apelas al carisma, es una forma de jugar con la personalidad para emitir la mejor presentación posible, por este motivo es que se menciona que se trata de un conjunto de factores para convertirse en un streamer famoso en línea.

Conoce sobre el pago Prime gaming o la suscripción de los canales

A medida que la plataforma de Twitch te empieza a gustar más, vas a querer realizar una suscripción paga, aunque pueden surgir sobre si resulta una inversión rentable o no, así que debes saber que la suscripción principal que puedes agotar se denomina como Twitch Gaming, pero originalmente se llamaba Twitch Prime.

Este tipo de pagos proporciona distintas ventajas, pero no significa que la versión gratuita no proporciona beneficios, porque cuando te gusta algún canal puedes disfrutar del mismo sin que tengas que pagar al creador, en cambio la modalidad paga se refiere a un tema de exclusividad que no consigues por otros medios.

La modalidad Prime se encuentra en auge, sobre todo porque el pago está incluido sobre Amazon Prime desde 2014 que esta empresa compró la plataforma, esto quiere decir que si tienes Amazon Prime puedes contar con Prime Gaming, este tipo de suscripción por sí sola tiene un costo de 4 euros al mes.

Ese tipo de oferta es ideal por todo lo que proporciona, pero mayormente es más rentable comprar Amazon Prime para contar con esa bonificación adicional de Twitch, por otro lado, están los ofrecimientos de suscripción de forma individual, lo importante es que de antemano sepas que en cada canal vas a encontrar un amplio ofrecimiento.

De igual forma cada canal puede mantener un ofrecimiento de suscripción mensual, para que puedas pagar por obtener más ventajas, cada una de estas suscripciones se encargan de compartir u ofrecer un conjunto de innovaciones sobre el canal y el contenido, donde resalta el hecho de que no aparezcan los anuncios durante las retransmisiones.

El chat exclusivo es una opción que no se encuentra al alcance de cualquiera, lo mismo ocurre con el catálogo de vídeos que se destina únicamente para ese tipo de suscriptores, los demás beneficios obedecen a un tema de diseño, además de estar desbloqueados diferentes emojis que se pueden personalizar.

El registro pago de algún canal se lleva a cabo como una demostración de gusto por la creación de contenido que se realiza, sobre todo cuando buscas emitir un apoyo económico para que sigan produciendo esos videos, eso es lo que motiva a los usuarios a pagar, es decir más por tema de admiración que por alguna elección de utilidad.

El nivel de seguridad que ofrece Twitch

Al coloca a twitch como una de las plataformas favoritas y añadirlas a tu navegador, puedes llevar a cabo la configuración del perfil, pero antes de cualquier cambio estético, lo mejor es que te puedas familiarizar con la sección de seguridad y privacidad, porque es una plataforma donde pueden surgir algunos hackers.

La prevención dentro de cualquier plataforma nunca está demás, así que un primer paso que puedes llevar a cabo es crear una contraseña larga, esta puede estar formada por mayúsculas, minúsculas, números y un signo de puntuación, esto genera molestia para muchos, pero es la mejor garantía para que no seas un blanco fácil de hackear.

Por otro lado, puedes optar por la configuración de la autentificación en dos pasos, esto funciona como una capa de protección al inicio antes de ingresar a la cuenta, de ese modo cuando alguien intente tener acceso a tu cuenta no va a poder, ya que incluso emiten un código para cambiar la contraseña.

Más allá de los hackeos, un cuestionamiento constante surge a través del tipo de contenido que pueda surgir para los chicos o menores, pero debes saber que Twitch no es una plataforma creada o diseñada con la finalidad de albergar menores de edad, aunque posee una política seria de moderación del contenido para que no sea violento u ofensivo.

Pero en algún contenido se puede filtrar algo que sea inapropiado para los niños, además la mayoría de los juegos que se tratan son de la categoría de violentos, por encima del contenido también se encuentra el riesgo que surge sobre los chats, ya que tendrían acceso para chatear con desconocidos y estos pueden enviar algún mensaje privado.

Ante este tipo de situaciones la plataforma cuenta con opciones para ayudar a bloquear tanto usuarios como canales, pero la realidad es que se trata de una plataforma que no es recomendada para menores de 13 años, por ello no deberían usarlo, en caso de tener gamers favoritos lo mejor es que lo vean por YouTube por medio de sus extractos.

Las diversas temáticas en Twitch

Todo amante de videojuegos conoce por completo lo que ofrece Twitch, pero del mismo modo han surgido toda clase de contenidos que son aclamados por la comunidad que a su vez prefiere el contenido vía streaming, esto ha ido en aumento año tras año, sobre todo con los eventos que se celebran cada año.

Más personas en el mundo ingresa a Twitch por diferentes motivos, por esta razón es un espacio para incursionar y tener una cuenta, ya que si eres amante de las retransmisiones en vídeo esta es una oportunidad para demostrar tu talento, sobre todo para aprovechar el crecimiento desmedido que está teniendo esta plataforma.

La comunidad global de Twitch está a disposición de cualquier usuario, por ello se clasifica como una red social, llegando al mismo nivel de Facebook, Instagram e incluso YouTube, y su cualidad global se debe al empujón que ha realizado Amazon para que cada actor sea capaz de retransmitir en directo para usuarios que pueden interactuar.

Aprende los pasos para crear una cuenta de Twitch

Para crear una cuenta en Twitch sólo debes cumplir con unos pasos sencillos, a través de los cuales vas a poder explotar al máximo las funciones de esta plataforma, los pasos son los siguientes:

1. Ingresa a https://www.twitch.tv/.
2. Realiza clic en la esquina donde indica la opción de "Registrarse".

3. Completa los campos solicitados con tus datos personales, esto implica establecer el nombre de usuario, contraseña y fecha de nacimiento.

4. Elige bien el correo electrónico como medio de contacto.

5. Puedes aprovechar de conectar la plataforma con Facebook, de ese modo podrás iniciar con Facebook.

Una vez que lleves a cabo este breve proceso, puedes disponer de una cuenta funcional para que lleves a cabo las retransmisiones y ganes popularidad con el tiempo, usando cada una de las opciones que posee la plataforma.

El funcionamiento de Twitch

Crear una cuenta de Twitch y hacer que funcionen sus alternativas es sencillo, pero los primeros pasos que debes tomarte en serio es el de entender por completo como funciona este tipo de plataforma, de ese modo el contenido que presentes será capaz de superar cualquier expectativa.

- **Explorar Twitch**

Esta opción te permite que como usuario nuevo empieces a conocer todo lo que puedes encontrar sobre esta plataforma, sólo debes hacer clic en el botón de explorar para que tengas acceso a un amplio listado de categorías, de ese modo se presentan los contenidos disponibles que puedes empezar a visualizar.

En la portada de cada título puedes observar mirar de cerca la cantidad de personas que están en línea, esto permite que puedas hacer clic sobre la portada del juego para que veas quién está strimeando sobre esa temática, a su vez puedes cambiar en el menú donde está la opción "Mostrando" para ir de las categorías a los canales en directo ordenado por la cantidad de visitantes.

- **Los canales que sigues**

Se trata de un listado donde están los canales a los que te encuentras suscrito, donde puedes tener acceso sobre los usuarios que surgen "Desconectado" si no se encuentra online, o los que estén retransmitiendo en ese momento, en el caso de que salga online en ese momento, significa que están activos.

- **Canales destacados**

Son canales de Twitch que te invitan a seguir porque son los más populares dentro de esa comunidad, es como un tipo de sugerencia sobre la temática que sigues, para que selecciones las cuentas más destacadas de ese entorno.

- **Juego, los botines y otros detalles de Twitch Prime**

Este tipo de ofrecimiento corresponde con recompensas semanales, de ese modo puedes conseguir donaciones y otro tipo de monetización que posee Twitch Prime.

- **Notificaciones**

Se pueden activar por medio del icono de campanita, este es un modo a través del cual puedes recibir avisos sobre algún cambio que se genere sobre la plataforma, estos cambios pueden ser nuevos suscriptores, los logros, y otro tipo de mensajes sobre los canales que estés siguiendo, o algunas otras novedades de este tipo.

- **Obtener bits**

Los bits se utilizan como un sistema de recompensa que se pueden comprar para que se compartan o sean usados con los creadores favoritos, este tipo de sistema de recompensa es un incentivo a nivel económico.

- **Herramientas y funciones del perfil**

En este punto puedes encontrar todas las características, herramientas, configuraciones y otros ajustes sobre el panel de control para gestionar la cuenta de Twitch.

Twitch Prime y todo lo que representa

El funcionamiento de Twitch Prime se traduce en una versión Premium de esta plataforma, esta versión ayuda a que puedas conseguir toda una serie de regalos que se desbloquean con cada progreso, además de otorgar y diseñar contenido exclusivo, pero lo mejor es el disfrute del contenido sin ningún tipo de publicidad.

Desde que Twitch es propiedad de Amazon, se ofrece por medio de la adquisición de Amazon Prime o Prime Video cuentas con el contenido de Twitch Prime, esto ocurre de manera automática.

Aprende a transmitir en Twitch

Es una emisión como la que se desarrolla en YouTube o en Facebook Live, también se puede llevar a cabo por medio de OBS, esto es sencillo y sólo debes seguir una configuración que a simple vista puede resultar compleja, pero si sigues estos pasos puedes llevar a cabo la trasmisión:

1. Ingresa a OBS Studio, para ello debe estar descargado previamente.
2. Realiza clic en Archivo, luego en configuración hasta llegar a hacer clic donde indica "Emisión".
3. Lo siguiente por seleccionar es el tipo de emisión, debe hacer clic en; servicio de retransmisión.
4. En la sección de servicio, haz clic en "Twitch".
5. A través del servidor, puedes ingresar en la opción de "Automático".
6. Donde dice la clave de retransmisión debes pegar la clave de retransmisión del canal de Twitch.

Para hallar la clave de retransmisión, sólo necesitas iniciar sesión en la cuenta de Twitch, después en la esquina donde sale tu nombre de usuario debes hacer clic, lo siguiente es ingresar en panel de control, e ingresar a la configuración para presionar en "canal", de ese modo puedes seleccionar en mostrar la clave de transmisión principal.

Es importante que leas el aviso que emite la plataforma, para que estés de acuerdo con todas las condiciones y presiones en "entendido", de ese modo sólo tienes que copiarla para usarla en OBS.

Las funciones del panel de control de Twitch

El panel de control en Twitch es uno de los puntos importantes a estimar, ya que esta plataforma de streamer cuenta con diversas preferencias al momento de retransmitir, por esta razón posee un servicio de configuración amplio, sólo debes prestar atención a cada opción para sacar lo mejor del canal, estas opciones son útiles.

Por medio de alguna selección en particular puedes lograr ganar dinero por medio de Twitch, esto les añade mayor relevancia a estos pasos, así que debes descubrir las siguientes configuraciones básicas:

1. En directo

La información sobre la emisión se encuentra sobre este apartado, gracias a estas opciones puedes hallar el título de la retransmisión, las notificaciones sobre lo que ocurra durante las emisiones en directo, la categoría a la cual pertenece el contenido, hasta llegar a las etiquetas y el idioma.

2. Título

Dispones de 140 caracteres para introducir un título a la retransmisión, de ese modo puedes intentar que sea llamativo para ganar usuarios, esa es la manera para atraer una gran cantidad de personas, de ese modo cuando alguien se encuentre con tu transmisión no va a causar dudas en ingresar para ver el contenido.

3. Notificaciones de emisión en directo

Es un tipo de mensaje que aparece a los seguidores cuando estés retrasmitiendo en directo, pero es mejor que aproveches esta oportunidad para surgir con creatividad al redactar un llamado a la acción que puedan surgir resultados, para lograr esto puedes crear un texto de 140 caracteres para este propósito.

4. Categoría

Para elegir el tipo de categoría sólo debes concentrarte en el tipo de contenido que vas a publicar, este detalle merece importancia porque si seleccionas otra categoría que no guarde relación con el tema, no vas a conseguir a los espectadores indicados, ya que no van a encontrar tu contenido al estar en el lugar equivocado.

5. Etiquetas

Las etiquetas representan un punto crucial, pero estas se subestiman por la mayoría de los usuarios en Twitch, cuando en realidad pueden lograr llegar más lejos con su cuenta al dedicarle la atención que merecen, estas son usadas para describir la retransmisión o el indirecto, por encima de la categoría.

La mayoría de los espectadores las usan para encontrar transmisiones que sean de su interés, ya que funcionan como un tipo de filtro para descartar el contenido que buscas sobre un amplio catálogo, así que cuando se buscan etiquetas específicas y se exploran las recomendaciones, son las vías a través de las cuales llega una gran cantidad de usuarios al canal.

Twitch se encarga de gestionar el tema de las etiquetas, porque busca que se ofrezca una selección que se encuentra disponible, pero tienes la oportunidad de personalizar y añadir alguna, siguiendo los comentarios que recibas y según el tipo de contenido que estés transmitiendo.

Lo ideal es que las etiquetas sigan las mismas aspiraciones de la comunidad, de ese modo puedes incluir hasta un tipo de etiqueta específica, para elegir la apropiada puedes seguir algunas sugerencias o investigar las etiquetas disponibles sobre la temática que posee dominio en las retransmisiones que realizas.

Las etiquetas se encuentran junto a la miniatura o al extracto del video, es decir que debe ser compatible con el título del video como también con la categoría, de ese modo vas a recibir la atención que buscas, en el caso de las páginas de directorio se trata de un espacio donde los espectadores pueden emplear etiquetas para filtrar directorios de categorías.

En base a lo que buscan los usuarios, pueden conseguirse con las etiquetas que coloques, es decir si un usuario sólo coloca arte, y quieres llamar la atención de personas que tengan esa preferencia, sin duda alguna la etiqueta debe estar compuesta por esa palabra, aunque se pueden usar las recomendaciones personalizadas como un sistema donde se estiman a las etiquetas.

Al momento de recomendar de nuevas transmisiones según el tipo de historial de visualización que se posea, debes seguir o usar la etiqueta que más se repita dentro de la comunidad a la cual deseas llegar, es decir eso te hace que seas más elegible ante sus preferencias, lo mismo ocurre con las etiquetas que son más buscadas.

La inclusión de las etiquetas tiene mucho que ver con las transmisiones en directo, ya que se incluyen sobre la sección de la información de la emisión, esto se hace realidad por medio del panel de control en directo, esto lo pueden hacer los propietarios del canal como también los editores.

Algunas etiquetas se añaden de manera automática junto con el idioma, en caso de querer cambiar el idioma debes ingresar en la emisión del Panel de control en directo, la instauración de las etiquetas debe ser actualizada justo como sucede con los títulos, ya que su función es describir la transmisión actual cuando el canal emita un directo.

Cuando estés emitiendo un directo por medio de un software de emisión de terceros, es esencial que no te olvides de incorporar las etiquetas que sean correspondientes por medio del panel de control en directo, o solicitar a algún editor del canal se encargue de esta función.

El diseño de las etiquetas busca que el espectador obtenga la ayuda de encontrar el contenido ideal, según sus intereses puede toparse justo con lo que desea, y estas quizás no están vinculadas con esa categoría o temática en especial, esto te permite ganar libertad al momento de instaurar alguna etiqueta para describir la transmisión.

Esto quiere decir que puedes transmitir contenidos que sean tendencia sin necesidad de que el video sea parte de esa categoría, lo importante es que dediques tiempo y esfuerzo a la descripción de la transmisión, siempre con una visión objetiva para que el contenido pueda ser recomendado sin problemas y dirigido hacia los espectadores que te convienen.

En el caso de publicar partidas o contenido que sea competitivo, no debes añadir una etiqueta que diga "emocionante", porque de lo contrario el contenido no va a surgir sobre la sección o la lista de los videos destacados.

6. Idioma

El idioma que aparece en la mayoría de las opciones, va de la mano con el que uses para tu retransmisión, de igual manera puedes seleccionar el que sea apropiado para tu nacionalidad, además cuando determinas un idioma en específico, puedes generar el acceso a la retransmisión de ese idioma puntual.

Cuando colocas de manera apropiada el idioma, recibes la ayuda para que la cuenta sea encontrada de forma efectiva y sin perder tanto tiempo, por eso es un detalle que no debes subestimar.

7. Extensiones

Las extensiones corresponden a diferentes aplicaciones o plugins que se instalan para realizar ajustes sobre las retransmisiones, de ese modo el canal puede recibir un mayor nivel de valor, gracias a que existe una importante variedad de las mismas para cubrir tus objetivos, por ello puedes toparte con la que se pueda adaptar a tus necesidades.

8. Logros

Una plataforma como Twitch posee también un incentivo como lo son algunos logros, por ello una vez que logres completar ciertos pasos, vas a tener la posibilidad de desbloquear algunas funciones que posee la plataforma, o sencillamente lo puedes usar como una distracción, lo importante es que te motives como streamer a ser el mejor.

9. Eventos

Los eventos son los que funcionan bajo una misma línea de los que organiza Facebook, para ello normalmente se publica una foto con el título, la descripción del evento, fecha de inicio y cierre, el idioma en el cual se va a realizar, hasta la categoría, estos eventos en general son interesantes y una oportunidad al mismo tiempo, para realizar un lanzamiento.

10. Actividad

La actividad es un factor donde se resumen todas la funciones o pasos llevados a cabo, es decir que lo que hagas en Twitch se va a reflejar sobre esta sección, se basa en un historial de la cuenta para que tomes en cuenta las modificaciones, retransmisiones y cualquier otro tipo de actividad como su nombre lo indica.

11.   Herramientas de transmisión

Este conjunto de herramientas son programas que se pueden emplear para crear e instaurar tus retransmisiones en directo, existen de todas las modalidades que puedas imaginar, desde pagas hasta gratuitas, lo común es que se use OBS, para aprovechar al máximo sus funciones debes familiarizarte con lo que ofrece.

Un paso clave es obtener la versión más reciente del OBS, donde puedes encontrar secciones para realizar las pruebas, como también las fuentes que vas a emplear durante la grabación, por eso son pasos que se recomiendan de realizar con anterioridad, de ese modo vas a tener todo cubierto al momento de grabar.

Del mismo modo está la opción del browser show para que seas capaz de incluir algún tipo de captura de pantalla, como también verificar la entrada de audio que va a tener la retransmisión, todos estos son detalles de preparación para ilustrar el tipo de video o contenido que vayas a crear.

El software busca es proyectar lo mismo que estés viendo tras la pantalla, como también ayudar a gestionar el uso de hardware como lo es el micrófono, a la imagen de la retransmisión la puedes disminuir y expandir según quede mejor para el video, otra función curiosa es capturar el servidor de audio y juego.

Al iniciar el juego, este programa gratuito se encarga de capturar todo tipo de detalles, a su vez se puede reconocer el juego para aplicar la configuración que sea más apropiado, el manejo de la webcam es útil cuando se trata de realizar retransmisiones, este es un camino para tener el control total de la grabación.

Las escenas se pueden agregar al momento de incluir el video, y puedes incluir imágenes para crear una presentación con transiciones, esta es una de las utilidades más comunes que había recibido este tipo de programa, el cual te permite personalizar la retransmisión de la forma y el estilo que deseas, sin olvidar la inclusión de texto que se puede llevar a cabo.

12. Análisis

Se define como una sección para hallar los datos sobre las retransmisiones, desde puntos sociodemográficos de parte de los espectadores, como también las horas de reproducción, entre otros detalles, de ese modo puedes tomar decisiones sobre tu contenido, esto ayuda a que te tomes en serio tu progreso como streamer.

Para llegar a monetizar dentro de esta plataforma no puedes dejar de reforzar estos aspectos, además funciona de ayuda para diseñar alguna estrategia gracias al análisis de este tipo de datos, es una medida para que sea capaz de mejorar.

13. Vídeos

Es un modo o una sección para publicar tus propios videos que hayan sido editados, este facilita que sean expuestos como un falso en vivo, de ese modo podrás organizar toda la sección en colecciones, para que formes clips de vídeos que pertenezcan a otros streamer, es decir se guardan y se vuelven a ver en otro momento.

Las configuraciones adicionales del canal

Por medio de la configuración que se encuentra en el panel de control, puedes tener acceso a una de las partes más importantes para presentarte como un streamer exitoso, así que debes reconocer los siguientes puntos:

- **Canal**

En esta sección puedes encontrar la clave de transmisión que debes usar para iniciar con OBS, esto se reitera porque muchas veces se pierde noción de la ubicación de dicha clave, por medio de este apartado puedes seleccionar si quieres que se guarden las emisiones anteriores, dispones de un plazo máximo de 14 días para conservarla como usuario normal.

En el caso de que fueras un usuario Prime, socio o turbo, cuentas con 60 días para contar con dicho video guardado, además dentro de las opciones puedes colocar si se trata de contenido para adultos, lo cual no quiere decir que se trate de pornografía, sino que se emiten anuncios de violencia u otra medida antes de que empiece la transmisión.

Por otro lado puedes escoger la preferencia de optimización, esto te ayuda a que la calidad del video puede ir de la mano con la retransmisión, es decir en el caso de que poseas poca potencia en el pc, es posible que sea complejo ejecutar dos tareas, como lo es el juego y el OBS, puedes seleccionar la medida de "baja latencia".

En cambio, cuando tienes un gran equipo que te pueda respaldar, puedes continuar realizan la retransmisión sin limitaciones, otro punto sobre el cual te debes encargar es de los permisos, ya que tienes la potestad de elegir si otras personas pueden retransmitir el contenido de tu canal.

Un aspecto estético que proporciona mejor presencia es crear un banner que pueda aparecer cuando el canal esté desactivado, de ese modo los seguidores pueden entrar y ver algún video anterior, sin necesidad de esa molesta imagen en negro que permanece en la pantalla, porque mientras más auténtico seas, más usuarios vas a atraer.

Las funciones facilitan que se puedan gestionar permisos sobre la comunidad, donde puedes conceder y designar a un editor hasta el punto de que tenga las mismas funciones que el dueño del canal, lo mismo ocurre con la inclusión de un moderador que se encarga de gestionar en el chat un ambiente amigable.

Por otro lado, se encuentran los usuarios VIP que se describen como destacados sobre la comunidad, del mismo puedes encontrar la configuración sobre la moderación para que todo el que desee pueda estar en contacto contigo, la participación en el chat es un aspecto que no debes descuidar, además puedes contar con un verificador de correo electrónico.

Formas de ganar seguidores en Twitch

Al tener tu canal conformado, conocer cada función y configuración, lo siguiente es crear un canal que sea llamativo, de ese modo tu contenido será uno de los más visitados, usando a cabalidad todo lo que tiene para ofrecer OBS, además de que debes tener identificado de forma previa el tema que vas a tratar sobre la transmisión.

Comenzar a strimear es simple cuando cubres estos aspectos básicos, lo esencial es que tomes en cuenta la variedad de canales como una motivación no como algo desalentador, porque puedes conseguir seguidores siempre y cuando te lo propongas como una meta, ya que el nivel de tráfico que se encuentra sobre esta plataforma es una oportunidad.

Mientras tengas algo único que ofrecer por medio de tu canal, puedes explotar al máximo las posibilidades de crecer que se te vayan presentando, para ello puedes usar y poner en práctica algunos consejos para que llegues a ser un gran streamer como lo son las siguientes acciones:

1. Define qué tipo de streamer eres

Lo que deseas ser en medio de Twitch es un punto básico para crecer sobre esta plataforma, ya que necesitas pensar en primer lugar si se trata de un juego, luego si vas a jugar todas las modalidades o sólo los estrenos, por consiguiente, debes definir el tipo de consola que vas a usar, además del estilo a elegir ya sea retro o nuevo.

Una vez que te puedas responder estas interrogantes básicas e importantes, puedes tomar decisiones para crecer sobre ese medio o temática, hasta el punto de monetizar con tu cuenta, este es un punto realmente fundamental para tu futuro sobre esta plataforma.

2. Construye una estrategia de valor

Es vital que al ingresar en Twitch, te puedas dedicar a retransmitir porque te apasiona, más no porque sólo buscas ganar fama, debido a que esto lo perciben los usuarios, debes contagiar la empatía y el gusto por ese contenido, sino cumples con esto puedes ser aplastado por la competencia que use mucho más carisma.

La formación de una estrategia no implica tomarlo tan en serio hasta el punto de perder naturalidad, ya que luego se nota en vivo que sigues un guion inflexible, lo más valioso es que te diviertas con lo que transmites, de ese modo vas a lograr que más usuarios te vean hasta el punto de ganar más usuarios a tu favor.

3. Identifica qué es lo mejor de tu ofrecimiento

Toda comunidad se forma cuando se consigue con una propuesta de valor, por ello debes conocerte a ti mismo para promocionar tu canal, si eres un experto sobre el tema y buscas compartir con los seguidores todos tus trucos, vas formando un perfil que proporcionar a cada persona, pero esto se debe combinar con tu personalidad.

La forma de explicar una retransmisión importa mucho, ese es un valor agregado que se puede definir en la forma de enseñar a los demás, debes tomarte el tiempo para aprender la mejor forma de lograrlo, por ello es que puede ser un tema redundante en Twitch, pero se presenta por más de 1000 maneras de explicarlo.

Lo mejor que puedes seleccionar es lo que vaya mejor contigo, piensa o prioriza el tipo de personalidad que posees, de ese modo puedes encontrar las respuestas sobre lo que quieres hacer, aunque el punto de todo es crear un momento agradable por el cual las personas te vean, ese lado llamativo es lo que no puedes perder.

4. Conserva la constancia

Para ser un streamer profesional debes implementar la constancia, esto es necesario para todo lo que te propongas, por ello es una gran idea fijar horarios para la grabación, hasta crear el hábito de destinar esos días para esa actividad, además debes estudiar el momento más concurrido por los usuarios, esto ayuda a que ganes tráfico durante las transmisiones.

Cuando emites contenido de manera habitual, vas a lograr que los usuarios te recuerden, para ello también debes pensar en las necesidades de los usuarios, es decir cuando puedas tener acceso hacia la mayor concentración de esa comunidad, lo esencial es que tengas una medida fija de creación de contenido para que a su vez sea fácil de promocionarlo.

5. Realiza sorteos o premia a tu comunidad

Nada emociona más a una comunidad de seguidores que los regalos, por ello una buena manera para ganar el aprecio de las personas es bajo esta vía, así que organizar un concurso y ofrecer regalos es una buena motivación para que se acerquen al canal, lo más competitivo es un sorteo porque te ayuda a ganar tráfico.

6. **Crea y planifica estrategias sobre otras redes sociales**

Twitch es reconocida como una red social misma, pero puedes usar el tráfico de otras redes sociales para hacerte conocido, es decir puedes implementar un plan de Social Media, esto se debe ajustar a la temática del canal, como también a una forma para compartir contenido de valor, causando que tus seguidores se animen a ingresar a Twitch a tu canal.

No puedes olvidarte de pedir que te sigan por medio de otras redes sociales, esto funciona como un trampolín para crecer sobre esta plataforma, el mayor requisito es que establezcas relaciones con los usuarios y te mantengas activo compartiendo contenido, sin dejar de darte a conocer para que llames la atención.

La conversación con los usuarios es un buen modo para compartir contenido, además con otros streamer se pueden ayudar mutuamente como un intercambio de promoción, de ese modo ambos se hacen conocidos usando la comunidad del otro.

7. Participa en eventos y realiza networking

Los eventos sobre la temática a la cual te dedicas en Twitch son un trampolín brillante, de ese modo puedes llegar lejos usando una comunidad local, para ganar apoyo virtual, además necesitas ser reconocido en el medio o al menos involucrarte con una actividad de ese entorno que pueda llamar la atención de las personas o usuarios.

Cada vez los eventos ganan más fuerza, sobre todo en lo que respecta a videojuegos, se puede crear actividades virtuales, como lo es competir con otros streamers, de ese modo la popularidad de todos se fusiona en una transmisión que puede mover una gran cantidad de tráfico que es beneficioso para todos.

En la retransmisión puedes convertirte en un experto siempre que te tomes cada paso con seriedad, además de que tienes la opción de relacionarte con otros streamers para que uses ese apoyo en tu favor, como también para presentar contenido atractivo para ese sector, ya que no hay nada más emocionante que un buen evento.

8. Aprende y desarrolla acciones de diseño gráfico

Tu canal puede ser formado como mejor vaya con el tipo de contenido que presentes, piensa en que estas decorando una habitación y de esa misma forma vas a crear un canal que sea competitivo, mientras emita una imagen perfecta vas a lograr que el diseño hable por ti, que sea una presentación misma.

Si diseñar no es lo tuyo y no quieres realizar grandes inversiones sobre este tema, puedes usar algunas herramientas sencillas que te pueden ayudar, estas son totalmente online y con un funcionamiento intuitivo para que seas capaz de lograr presentar un gran diseño, entre las opciones resalta Canva.

Existen muchas formas de enamorar a los seguidores por medio del diseño, lo importante es que puedas ir más lejos, es decir de buscar que sea una imagen perfecta para la temática, porque eso ayuda a realizar la personalización y que los usuarios te puedan reconocer, por ello puedes buscar apoyo para contar con un video de intro antes de emitir un streaming.

9. Retransmite por medio de otras vías sociales

Más allá de que Twitch sea una de las plataformas de retransmisión número uno, de igual forma puedes usar otros medios sociales para que conozcan tus contenidos, puedes usar resúmenes, extractos, partes graciosas y mucho más, para llamar la atención sobre otras redes sociales de video.

Puedes probar emitir tu contenido por medio de Facebook Live o incluso en YouTube, lo importante es que sea una propuesta variada, de ese modo puedes diversificar tus seguidores y llevar la atracción que generas de una plataforma hacia otra, puede ser algo que amerite dedicación, pero vale la pena para crecer y llegar a ser conocido.

10. Investiga e implementa el Neuromarketing

Como experto es común que desees causar cada vez más impacto con tu contenido, por este motivo el estudio del neuromarketing es de gran utilidad para transmitir emoción y sobre todo para ganarte el afecto de los espectadores, la mente de tus usuarios puede ser dominada siempre y cuando te ocupes de causar atracción.

11. No emplees la frase de "sígueme y te sigo"

Este tipo de metodología desesperada por conseguir seguidores solo te deja como una cuenta desesperada, sólo funciona o es más apropiada cuando la usas al empezar en este medio, y puedes aplicar este texto sobre foros, pero con el objetivo de que llegue a las personas que estén en la misma situación que tú, en cuanto a progreso.

La proposición de "sígueme y te sigo" puede causar vergüenza, sobre todo cuando se trata de escalar en una plataforma donde debes interesar por el tipo de contenido que presentes o por la temática, no es mala esta estrategia, pero no debes acostumbrarte a esto.

Descubre cómo ganar dinero en Twitch

Ser streamer genera muchos beneficios, entre estos se encuentra la oportunidad de generar ingresos, esta es una realidad cuando posees un desempeño aceptable, es decir el contenido debe ser bueno para que tu canal pueda monetizar de la forma en la que esperas, para lograr este cometido puedes seguir algunos consejos.

Un paso clave para generar dinero es aprender lo más que puedas sobre Twitch, esto también incluye mantenerse leyendo cada novedad que se incorpore a esta plataforma, lo siguiente es asumir tu rol como streamer lo más profesional que puedas, pero sin llegar al punto de obsesionarte con la obtención de dinero.

El proceso de monetizar en Twitch es un hecho que necesita paciencia, ya que no ocurre de un día para otro, pero puedes tener presente que Amazon cuenta con un programa de afiliados y esto mismo ocurre con Twitch, en este caso la propia plataforma se encarga de invitarte a serlo, pero debes cubrir algunos requisitos como los siguientes:

- Cumplir con un nivel de retransmisión de 500 minutos en los últimos 30 días.
- Haber realizado retransmisión durante los últimos 7 días, alrededor de 30 días.
- Contar con una media de 3 espectadores al mismo tiempo los últimos 30 días.
- Disponer como mínimo 50 seguidores.
- Conservar una cuenta que poséala autenticada en dos pasos.

Una manera adicional para generar dinero es por mediante el sistema de donaciones, esto se basa en activar un banner que permite que los seguidores sean capaces de realizar donaciones económicas como una contribución con el canal, es decir se basa en una muestra de apoyo sobre el contenido.

Adicionalmente puedes usar otro tipo de sistema de afiliados, para esto debes compartir algunos enlaces que te permitan ganar comisión cuando alguien compra por medio del enlace, esto sigue la misma dinámica que se desarrolla en el sistema de afiliados de Amazon o como ocurre con otras tiendas de videojuegos como es el caso de G2A.

Twitch desarrolla un sistema de Bits, este te permite conseguir un centavo cada vez que alguna persona use un Bit para enviar un cheers sobre el canal.

La celebración de Twitchcon

El festejo de la Twitchcon se conoce como un evento que se celebra anualmente, es un ofrecimiento sobre lo mejor que dispone la plataforma, esta celebración se lleva a cabo durante todo un fin de semana, para organizar y celebrar actividades, streams, torneos y mucho más, es decir una recopilación para los verdaderos fanáticos.

El anuncio de este evento, tiene mucho que ver con el desarrollo de una gran cantidad de actividades, de ese modo elevan el nivel de tráfico que es capaz de generar por sí misma como plataforma, por ello es un tema al cual dedicarle importancia porque tu participación puede conducirte a ganar seguidores.

El ofrecimiento de Twitch por encima de los videojuegos

Este punto es relevante para los que creen que únicamente Twitch se trata de videojuegos, porque las categorías dentro de la plataforma se extienden, una de las que está tomando más popularidad es IRL, se conoce como un espacio para los canales dedicados a Talk Shows y también podcast.

Todo lo relacionado con música y artes escénicas recibe un trato especial, además los temas de ciencia y tecnología poseen un buen recibimiento sobre esta plataforma, y usuarios tratando temas de juegos de rol, o la explicación de alguna manualidad como lo es trabajar con pintura, ese tipo de visión tiene gran escalabilidad sobre este medio.

Los eventos de igual forma se pueden relatar a través de esta plataforma, junto con la inclusión de deportes y fitness, además se encuentran personas cocinando y hasta comiendo en directo para probar un plato, esto también está causando interés sobre la comunidad de usuarios.

En medio de IRL uno de los canales que está ganando más lugar es Just Chatting, donde los usuarios se sientan y usan la webcam para hablar sobre alguna incidencia rara que ocurra, con tal que se resguarden los temas de políticas de la plataforma, porque la privacidad no se puede irrumpir por medio de Twitch.

Este tipo de creación de contenido brilla por lo interesante que resulta, por sí misma es una temática que invita a participar de manera constante, estas se han ido secundando al mismo nivel de los campeonatos de videojuegos, por ello es una vía que se instaura para prevalecer y más personas se encantan por esta vía.

Ganarse la vida por medio de estas temáticas es una alternativa que gana fuerza, lo esencial es que los espectadores disfruten lo que están viendo, ese tipo de motivación es la que debes despertar para que las tendencias en alza ganen un espacio propio, sobre todo con la generación Z o V que son los más predominantes en línea.

La experiencia en Twitch se puede diversificar, siempre y cuando logres hallar una forma de retransmitir bajo un estilo original, esto es lo que hace posible que una mayor cantidad de usuarios se apegue al contenido que emites, esto va de la mano con las preferencias que surgen por parte del marketing digital, donde encaja la creatividad sobre los contenidos.

Lo que necesitas saber para empezar en Twitch

Una de las consideraciones previas para iniciar en Twitch y ganar popularidad, es pensar desde la visión de los espectadores, para hallar eso que le gusta y apasiona a millones de personas, de ese modo puedes corresponder con sus gustos, este sitio web dedicado al streaming en directo está surgiendo como una de las plataformas más grandes.

Cuando se trata de esta finalidad se presenta como una oportunidad o un medio para llegar a más de 15 millones de espectadores, por eso se torna como un espacio para demostrar ese talento profesional de llegar a más personas, presentando partidas de videojuegos, entrevistas, sesiones y la emisión de toda clase de contenido.

Convertirse en famoso es una opción bajo todas las alternativas que posee esta plataforma, por ello debes empezar por ser un streamer de verdad y despertar simpatía, además de cumplir con los requisitos de hardware necesarios para cubrir las expectativas de los espectadores, pero también para desarrollar la temática sin fallas evidentes.

- **Los requisitos para transmitir en tu canal de Twitch**

Un paso básico que debes agotar es mostrar el contenido de la mejor manera ante los espectadores, para ello es vital cubrir ciertas medidas básicas para que tu propuesta digital sea interesante y atractiva al mismo tiempo, pero es importante que puedas contar con una buena PC o una consola de juego que sean aptas para la temática que quieres desarrollar.

Al contar con esto, te puedes dedicar a contar con un software para llevar a cabo el streaming de calidad que buscas proporcionar, esto incluye también el uso de micrófono para que tengas mayor nivel de nitidez de audio, normalmente lo mejor es invertir en los audífonos que incorporan el micrófono porque representa mayor comodidad.

Del mismo modo la cámara juega un rol importante, por ser la que conforma el contenido para que los fanáticos puedan disfrutar del mismo, es importante que sepas justo cómo retrasmitir desde la PC, para ello puedes visualizar algunos tutoriales que te enseñen los pasos previos, para dominar la grabación desde Xbox One, PS4, Nintendo Switch y otros.

Las guías sobre este tipo de configuración son de gran ayuda para que tengas la soltura de conseguir resultados de calidad, además de integrar más elementos como lo es la captura de pantalla, los clips, e implementar algunos consejos que priorizan el nivel de estético.

- **Los dispositivos recomendados para hacer streamings**

El desarrollo de los streamings requiere la inclusión de equipos aptos, aunque en algunas temáticas surgen excepciones que causan que la transmisión desde un ordenador no sea tan complicada o costosa, de igual forma ser streamer conlleva inversión continua para que puedas progresar y ser cada vez mejor.

En el caso de la propia plataforma Twitch, recomienda cubrir los requisitos de disponer de un procesador Intel Core i5-4670 o alguno que sea equivalente a AMD, lo correspondiente a la memoria RAM debe ser de 8 GB, y el sistema operativo debe ser Windows 7 o superior, de igual forma se puede realizar desde un Mac.

Para la transmisión de juegos de PC, debes contar con una tarjeta gráfica que posea suficiente poder o potencia, lo esencial es que admitan la ejecución de ambos programas, estas deben ser capaces de aceptar trabajar con una DirectX 10 y superior, en el caso del internet, debes usar una conexión que sea rápida y estable.

Estas medidas son recomendadas y las mejores para que tengas fluidez en la creación de contenido, lo que respecta al internet debes incorporar una velocidad de subida de 3 MB por segundo, esto es factible para la mayoría de las conexiones de internet, si te preguntas sobre retransmitir desde un móvil o un ordenar, siempre se recomienda lo segundo.

Usando el escritorio de un ordenador puedes iniciar y llevar a cabo la retransmisión, porque la emisión de contenido desde un ordenador que sea portátil es una realidad, siempre y cuando puede cumplir con las especificaciones básicas para cuidar la calidad, en el caso de que uses un dispositivo móvil debes asegurarte que supere las expectativas de los usuarios.

Los requisitos del sistema central que posee Twitch son muy accesibles, tanto para la transmisión o el streaming, como también para la reproducción de juegos que posean un alto nivel gráfico, aunque es cierto que demandan una carga considerable sobre la PC no lo satura por completo.

Por este motivo algunos streamers que disponen de una gran popularidad en línea usan dos PC para aliviar y distribuir la carga, porque se usa una para cargar los juegos y otra para la transmisión, esto al inicio puede resultar complejo de instalar o dominar, pero puedes usar programas como CyberPower que facilita la administración de dos PC en una misma torre.

- **Detalles claves en la creación de la cuenta en Twitch**

La unión personalizada por medio de Twitch, se puede desarrollar por medio de https://www.twitch.tv, de ese modo te puedes unir a la plataforma para que puedas llevar a cabo la retransmisión, donde debes seleccionar un avatar, banner y descripción, de ese modo puedes crear una presentación para que seas atractivo para los usuarios.

Al mismo tiempo debes incorporar la configuración de archivar las retransmisiones, de ese modo tienes acceso a las mismas de forma temporal, esto causa que puedas verla más tarde, por medio de la opción de configuración, luego en canal y vídeos vas a encontrar las emisiones de archivo.

- **El software que necesitas para el streaming en Twitch**

Una herramienta o parte clave para realizar el streaming en Twitch es el software de transmisión, de ese modo vas a compartir el contenido con los usuarios, los programas más usados para cumplir con esta finalidad es el Open Broadcasting Software (OBS), el cual es gratuito por completo.

Por otro lado, está el software de XSplit, este permite o cuenta con una interfaz sencilla de usar porque sus opciones son intuitivas, pero sus funciones son ofrecidas por medio de una suscripción paga para ofrecer exclusividad, más allá de la selección del software, debes implementar una configuración sobre la transmisión.

En medio de la transmisión y sus ajustes, es vital seleccionar las fuentes con las cuales deseas realizar el streaming, esto quiere decir elegir el tipo de monitor de la computadora, la fuente originaria del juego o la cámara web, del mismo modo es vital establecer o fijar de qué manera va a surgir los elementos para el espectador.

La elección del skin o sobre el overlay, es importante por tratarse del texto que aparece a medida que algún espectador se haya suscrito al canal, lo mismo ocurre con la incorporación de detalles sobre el chat, la formación del feed de donaciones para monetizar el canal si cumples con las condiciones descritas.

Por último, uno de los ajustes que debes colocar es sincronizar la cuenta de Twitch, para que seas capaz de emitir los directos que deseas, tomando las previsiones y cuidados necesarios.

- **La incorporación de la cámara y el micrófono**

Si no cuentas con una cámara web, y la temática del canal se basa en que tengas contacto con la comunidad, debes elegir un dispositivo que te permita mostrar tu rostro, para ello la selección de Logitech HD Pro C920 es una de las mejores selecciones que puedes llevar a cabo, porque ofrece una captura de calidad basada en 1080p.

Esto significa que se trata de un campo de visión amplio, para que puedas llevar a cabo la grabación, el modelo de Logitech C922 posee la misma calidad de 1080p, pero dispone de una eliminación automática del fondo, esto significa que puedes aparecer en el juego sin que tengas que colocar una pantalla verde.

Por otro lado, también se encuentra la función del Razer Kiyo, este posee cualidades similares para proporcionar la nitidez de anular la luz que se encuentra incorporada para que tu rostro pueda ser distinguido sin ningún problema, aunque a nivel técnico puedes usar auriculares para realizar el streaming, lo mejor es invertir en un micrófono.

Mientras uses equipo especializado, mejores resultados puedes obtener, y el micrófono causa que los espectadores te escuchen de forma nítida, uno de los más comprados para este propósito es Blue Yeti que se puede usar por medio de la conexión USB, además proporciona una alta calidad de audio y una forma para recolectar el ruido que se ajusta.

Si no tienes mucho presupuesto para empezar a realizar streaming de esta manera, puedes ir escalando o considerando otro tipo de dispositivos más económicos, tal como resulta la compra de Samson Go Mic, por sus calidades portátiles y la compra de Razer Seiren, estas opciones son útiles para presentar una imagen profesional de ti.

Realizar streaming en Twitch por medio de consolas de videojuegos

En el caso de tener una consola Xbox One o una PS4, tienes la posibilidad de transmitir desde la propi consola, sin necesidad de emplear otro tipo de dispositivo o software extra, por medio de Xbor One sólo debes descargar la aplicación de Twitch, está la puedes obtener de forma gratuita.

En el caso de querer transmitir desde PS4 sólo debes desplazarte hacia el menú para compartir desde el propio sistema, aunque por medio de Xbox también puedes aprovechar este tipo de opción para conectar de forma directa con la plataforma de Twitch, además de la aplicación gratuita que posee la Store de Microsoft.

De igual forma en ambos casos es sencillo cumplir con estos pasos, aunque la limitación de usar una consola para retrasmitir es que no puedes realizar ajustes o personalización como se puede realizar desde una PC, pero no deja de ser una alternativa efectiva para ser parte del mudo streaming.

Cuando deseas transmitir por medio del Nintendo Switch o alguna consola similar, puedes ganar control sobre la transmisión por medio de una tarjeta de captura, está la puedes registrar en el juego de la consola en tu PC, de esa manera puedes contar con un contenido mejor gestionado y con tu sello de personalidad.

Esa última opción de retransmisión por medio de la tarjeta de captura, es una solución popular dentro de este medio, normalmente la que se usa con frecuencia es la del Elgato Game Capture HD, la cual permite realizar la grabación de vídeos de 1080p que se lleven a cabo desde un Xbox One, 360 y también sobre PS4, PS3 y Wii U.

Sin importar el tipo de consola, o el tipo de sistema con salida HDMI, la tarjeta de captura funciona de forma ideal, se pueden añadir los adaptadores de componentes que te permitan realizar una retransmisión con estilo retro, para cubrir algunas grabaciones suaves o fluidas de 60 fotogramas por segundo, puedes subir el nivel hasta el punto de HD60.

Transmitir en Twitch por medio de un PC

Si te apasionan los videojuegos mayormente, puedes ingresar a Twitch para transmitir las partidas, lo mismo ocurre cuando deseas crear algún tipo de programa, porque es una plataforma pionera en el tema de transmisiones, por ese motivo alberga hasta 140 millones de espectadores mensuales de forma única.

El tipo de retransmisión que más llama la atención es la de Fortnite, PlayerUknowns's, World of Warcraft y los demás espectáculos celebrados a razón de las categorías de arte y cocina, donde también gana espacio el contenido de deportes, además cualquiera puede crear contenido original para aprovechar las opciones de emisión de Twitch.

Además de las capacidades de PS4 y Xbox One habituales de juego, también cuentan con funciones de transmisión, en el caso de querer hacerlo desde una PC sólo debes contar con un hardware que pueda cubrir las exigencias de esta actividad de transmisión, además de implementar un software de transmisión para usar tu cuenta en Twitch.

Compartir tu contenido en Twitch con el mundo es sencillo, porque sólo debes registrarte para empezar a disfrutar de su funcionamiento en vivo, es una plataforma ideal para cualquiera, y sólo debes poner en marcha las siguientes configuraciones para que empieces a realizar las retransmisiones:

1. Instala la aplicación de retransmisión en la PC, para ello puedes incorporar distintas soluciones como lo es el uso de Open Broadcaster Software (OBS), este se encuentra disponible para Windows, Mac y Linux, del mismo modo XSplit se encuentra diseñado para Windows.

   OBS cuenta con un funcionamiento gratuito, gracias a que se trata de un medio de código abierto, pero necesita cubrir algunas configuraciones adicionales, en cambio el XSplit cuenta con opciones intuitiva, aunque sus opciones dependen de cumplir con una suscripción paga para tener acceso a sus características.

2. Ingresa a Twitch e inicia sesión.

3. Selecciona el Panel de control que se encuentra en el menú desplegable, de ese modo en la parte superior derecha de la pantalla puedes realizar los ajustes que deseas.

4. Busca y haz clic sobre el tipo de juego que deseas jugar por medio de la pestaña "Jugar".

5. Accede al título para que realices la retransmisión de forma efectiva.

Si deseas usar OBS, debes de igual forma llevar a cabo una configuración sobre la retransmisión, basada en estos pasos:

1. Haz clic en el botón derecho que posee OBS, y elige la forma de ejecutar como administrador, eso es vital para emplear Game Capture.

2. Elige la configuración de transmisión por medio del menú de configuración.

3. Selecciona a Twitch como un servicio de transmisión, luego puedes dar clic en Optimizar la parte inferior izquierda del menú.

4. Retorna al panel de Twitch y selecciona Strem Key, para ello debes seguir las instrucciones para que recibas el código único de trasmisión.

5. Copia y pega dicho código en el recuadro de Stream Key, sobre el menú de la configuración y realiza clic en "Ok".

Lo próximo por hacer es preparar la escena para que salgas en vivo, tras estas acciones:

1. Por medio de la interfaz central de OBS, puedes hacer clic derecho para ingresar al cuadro donde dice "Fuentes", para añadir la captura del juego.

2. Selecciona el tipo de juego que usas, gracias al menú que surge para pulsar en aceptar.

3. Haz clic nuevamente con el botón derecho en el cuadro de "Fuentes", de ese modo puedes incorporar cualquier tipo de fuente adicional, esto permite que puedas ingresar imágenes y texto que sirvan de ayuda para facilitar la conformación del diseño, puedes usar Monitor Capture para mostrar lo que desees en la pantalla, o seleccionar Video Capture para poner en marcha la cámara web.

4. Ingresa a la vista previa de transmisión para modificar la escena, esto se aplica para que se ajuste por completo al diseño que tengas en mente, es decir puede ser que uses un streaming del juego, pero quieras presentar un lugar destacado o tu explicación esto se puede agregar en una esquina de la transmisión.

5. Haz clic para iniciar la transmisión por medio del panel de control de OBS, de ese modo vas a estar completamente en vivo.

Al usar XSplit, puedes configurar el streaming por medio de los siguientes pasos:

1. Abre e ingresa al XSplit.

2. Selecciona en la opción de "Difusión", para agregar próximamente el canal y a Twitch.

3. Autoriza e ingresa el nombre de usuario junto con la contraseña de Twitch.

4. Por último debes dar clic en finalizar, para que XSplit se encargue de establecer automáticamente la resolución más adecuada.

5. Configura las propiedades de transmisión y haz clic en aceptar.

Prepara la escena para que salgas en vivo, por medio de estos pasos:

1. Ingresa a la sección de Orígenes de pantalla que se encuentra en la parte inferior izquierda sobre la interfaz XSplit para dar clic en "Agregar".

2. Dirígete hacia la captura de juego, para que selecciones el juego que vayas a implementar.

3. Agrega otra fuente adicional, tal como las imágenes, o la transmisión desde la cámara web.

4. Arrastra la fuente a tu gusto, esto quiere decir que cuando busques presentar en el feed la captura de juegos, como una bienvenida destacada, puedes hacerlo por medio de un cuadro en la esquina que expone la cámara web.

5. Luego puedes seleccionar la Difusión, luego Twitch, y de ese modo vas a estar en vivo.

Cómo retransmitir en Twitch por medio de Xbox One

Si cuentas con una Xbox One, y quieres convertirte en un streamer de gran popularidad, puedes empezar a transmitir desde esta propia consola, esto es un punto a favor para demostrar que eres bueno, en juegos de la talla o del calibre de Fortnite, esto se puede hacer realidad con unos pequeños ajustes previos.

Solo necesitas poner en marcha el funcionamiento de la plataforma para que uses Twitch, gracias a estos pasos:

- Descarga y usa la aplicación gratuita que posee Twitch, esto es posible por medio de Xbox Store.
- Inicia sesión, para ello debes contar con un registro activo en Twitch, de ese modo puedes empezar a transmitir desde la propia aplicación.
  - Ingresa a https://twitch.tv/activate por medio de un navegador o una PC, Tablet y también un móvil, sólo necesitas ingresar un código que surge en la pantalla.
- Abre el juego que deseas transmitir por medio del Xbox One.

- Pulsa dos veces en el botón del inicio, para que puedas ingresar al menú y en la parte inferior puedes elegir a Twitch, por ello si tienes Kinect o micrófono conectado a la consola, puedes ingresar a Twitch con sólo mencionar "Cortana, transmisión", o por medio de "Cortana, abrir Twitch", cuando esté abierta la aplicación debes hacer clic en difusión.

- Asígnale un nombre a la transmisión, de ese modo puedes usar el menú de configuración antes de iniciar, esto es para que puedas ajustar el funcionamiento de micrófono, Kinect, chat y otros, de ese modo puedes elegir el nivel de calidad que posee la transmisión.

- Ingresa para iniciar la transmisión y activarla, esto lo puedes ver de cerca en el chat de Twitch para modificar la configuración por medio del lado derecho de la pantalla, además puedes ocultar la barra lateral de Twitch con tan sólo pulsar dos veces el botón de inicio y seleccionar la opción "Desanclar", o indicando "Cortana, desanclar".

De ese modo vas a lograr estar en vivo en lapso corto de tiempo, además en Google Play puedes hallar una aplicación gratis y descargable, cuenta con una gran cantidad de utilidades para configurar la retrasmisión en tiempo real, además funciona para comprobar cómo va a quedar la transmisión.

La incorporación del título de la retransmisión es posible mediante esta herramienta, y facilita todo al momento de compartir el enlace para ver el streaming en directo sobre las demás redes sociales, puedes buscar otras retransmisiones, además de otras facultades.

Conoce la forma de retrasmitir en Twitch por medio del PS4

Para compartir los juegos en el mundo puedes usar el PS4, ya que posee compatibilidad con la transmisión de Twitch, ya que puedes empezar directamente desde la consola, siendo de amplia utilidad en caso de que busques comenzar con Resident Evil 7, es un mundo que se puede explorar mejor con este tipo de consola.

Sólo puedes presionar un botón en el consolador para que inicies la retransmisión en Twitch, aplicando estos pasos:

1. Presiona el botón de compartir en el controlador PS4 cuando estés dentro del juego.
2. Elige "Retransmitir GamePlay".
3. Selecciona la opción para iniciar sesión.

4. Ingresa a https://twitch.tv/active para que introduzcas el código en la pantalla de la TV.

5. Elige OK por medio del PS4.

6. Selecciona una vez más Twitch.

7. Elige las opciones para iniciar la transmisión.

8. Mantente en vivo por medio de Twitch.

Al querer finalizar la transmisión sólo presiona la opción en el menú de "Compartir", además existe una aplicación en Twitch en PS4, pero no es obligatoria, sólo favorece ver las trasmisiones de otras personas, de ese modo se pueden encontrar las transmisiones sobre otras aplicaciones de vídeo como lo es Netflix, HBO Go y en la PlayStation Store.

Cómo es posible retransmitir en Twitch a través de Nintendo Switch

Cada consola existente permite compartir el juego mediante la retransmisión, por medio de Nintendo Switch puedes encontrar una alta compatibilidad con los servicios de Twitch, ocurre de la misma manera en la que se realiza por medio de la PS4, y la Xbox One, esto se debe a la variedad de herramientas disponibles para transmitir en vivo.

Desde la propia consola puedes tomar el control de la retransmisión, por medio de Nintendo Switch esto es posible, sólo que el procedimiento se realiza a la antigua, ya que debes utilizar una tarjeta de captura, son pasos sencillos en realidad, lo importante es que se pueda realizar la conexión con la tarjeta de captura para empezar a explotar el contenido en Twitch.

Jugar en vivo es una realidad por medio de Twitch, sólo debes ejecutar los siguientes pasos para hacer streaming:

- Consigue una tarjeta de captura, ya que la Nintendo Switch no trabaja o no admite una transmisión interna como ocurre con otras consolas de la generación moderna, por ello debes apostar por un dispositivo de captura externo, lo normal es invertir por Elgato HD60, posee un costo aproximado en $200 USD. De igual forma puedes encontrar más versiones sobre la tarjeta de captura que te van a facilitar la transmisión por medio de altas resoluciones, pero es un gasto adicional.

- Una vez que hayas invertido en la obtención de la tarjeta de captura, lo próximo es conectarla a la base del Switch y al televisor, porque es la única forma de que se transmita el video, por ello la tarjeta debe ser incluida en el puerto de la salida HDMI del dock, para que sólo tengas que presionar el interruptor específico, aunque puedes necesitar otro cable HDMI a la TV para ver lo que haces mientras realizas la trasmisión.

- Conecta el Elgato a una PC, vas a requerir de las funciones de una PC, debe estar cerca para que se pueda conectar al cable USB, además del mini puerto USB 2.0 en la tarjeta de captura, y el otro extremo puedes incorporar a la PC, de ese modo serás capaz de controlar el software de la transmisión en el PC, pero la imagen que se muestra se retrasa de forma mínima.

La conexión HDMI que se dirige a la TV, muestra el juego en pleno sin ningún tipo de demoras, debes descargar el software de captura para usar con libertad la tarjeta de captura, la ventaja es que la PC no tiene que funcionar como una fuente de energía, ya que el hardware de la tarjeta de captura recibe la mayor parte de la carga.

Adicionalmente debes concentrarte en contar con una conexión a internet estable, sobre todo cuando se transmite, por ello lo mejor es emplear conexión a internet por cable, para proseguir con los pasos:

- Crea una cuenta en la plataforma de Twitch, si ya posees una cuenta sólo debes dar un simple paso en el juego, pero si no puedes cumplir con cada uno de los pasos gratuitos.

- Vincula cuenta de Twitch con el software de Elgato, para esto puedes elegir Twitch como la plataforma de transmisión en vivo sobre el software de Elgato, de ese modo puedes iniciar sesión y autorizar al software a que pueda ingresar a tu cuenta. El software de Elgato posee todo lo que necesitas para la transmisión en vivo, aunque las funciones disponibles pueden ser insuficientes para ti.

- También puedes obtener el software de trasmisión por parte de terceros, de ese modo puedes cubrir un mayor control sobre la transmisión, puedes emplear servicios gratuitos como el de OBS o XSplit, de ese modo tienes las funciones de captura de video de Elgato, como también otras opciones para la trasmisión o grabación de videos.

Aprende cómo retransmitir en Twitch por medio de un portátil

Las transmisiones de juegos hacia las plataformas de juego como Twitch y YouTube son un evento de alta tendencia, por ello cuando buscas retransmitir para tus amigos o redes sociales puedes planificar los medios apropiados con una audiencia bien formada que se puede construir bajo un proceso progresivo, pero seguro te preguntas si debes invertir demasiado.

El proceso para trasmitir es sencillo, por medio de un portátil esto se hace realidad, ese es el modo de comenzar, sólo debes conocer los requisitos de software y hardware mínimo para que uses tu ordenador con esta finalidad, ya que es una forma que funciona y puedes usar a tu favor para combinarse o usarse como hardware de entrada.

Los requisitos que debes superar para ello es contar con un CPU que sea Intel Core i5-4670, o uno que sea equivalente a AMD, del mismo modo importa el nivel de memoria ya que debe ser 8 GB DDR3 SDRAM, con un sistema de Windows 7 Home Premium, donde mayormente debes priorizar el requisito del CPU por ser el componente más importante.

El proceso de transmisión también depende de la edad del equipo, como también la velocidad CPU, por ello con el i5-4670 cuentas con una CPU Haswell de al menos 3.4 GHz, esas CPU de los ordenadores normalmente van más lentas, ya que sufren ciertas restricciones por el tema del calor y la energía.

Pero esas cualidades no son un motivo excluyente para realizar la transmisión, siempre y cuando se practique la configuración apropiada, el primer paso es la selección de hardware adicional, porque partiendo de la afirmación de que un portátil es capaz de cumplir con toda una serie de requisitos para la transmisión, debes cubrir otros puntos.

No se puede descuidar el tema del sonido, para ello lo mejor es apostar por un micrófono externo, esto es importante para que los espectadores no se consigan con fallas o quejas, lo mismo ocurre con los gráficos estos deben superar la calidad baja, sin perder la fluidez de una emisión comprimida para que no haya algún punto retrasado.

Estos hardwares debe ser una ayuda para ofrecer comentarios atractivos, con la mejor calidad posible para que ningún usuario pueda aburrirse o retirarse de la emisión, ya que algunos micrófonos básicos que vienen integrados a la PC o a los audífonos pueden quedar muy por debajo de las expectativas.

La mayoría de los streamers apuesta por el uso de Blue Yeti, porque funciona como un micrófono completo, de ese modo se cubre más del 90% del audio en cada transmisión, en caso de disponer de poco presupuesto puedes optar por

SnowBall, donde puedes ofrecer un tipo de audio compacto, por la mitad de precio, es aceptable.

El uso de esta clase de micrófonos cada vez que tengas que transmitir facilita todo el proceso de transmisión, además mientras sean elementos que se puedan usar vía conexión USB, todo queda facilitado a tu disposición para que lleves contigo a donde quieras ese estudio.

Lo esencial es que el sonido no se vea afectado por algún problema de hardware, puedes probar con cualesquiera dispositivos que desees con tal que sea externo, lo próximo por tratar o cubrir es la conexión a internet, puede ser algo tonto, pero la medida recomendable que debes buscar cubrir es la de mínimo 2 Mbps de ancho de banda de carga para transmitir en 720p.

Un consejo útil es optar por la conexión vía cable, para que tengas estabilidad sobre la red, debido a que el WiFi sufre más alteraciones que puede fragmentar tu transmisión, pero todo depende del grado de confianza que poseas sobre tu conexión a internet, lo que corresponde con el software se puede cubrir con distintas alternativas.

Una medida de software que puedes implementar es GeForce Experience Share de Nvidia, además de las opciones Premium conocidas como XSplit, pero lo usual es emplear OBS; Open Broadcaster Software, este es totalmente gratuito, además sus funciones son parte de la cualidad de código abierto.

Usar estas herramientas te permite disponer de un rendimiento equilibrado, además es sencillo llevar a cabo cualquier clase de configuración, para tener más posibilidades de realizar transmisiones sin problemas, sobre todo porque OBS está a tu disposición sólo con encenderlo porque dispones de todas las escenas que necesites.

La facilidad de tener una escena principal como lo es un juego, mezclar imágenes de explicación, la proyección de tu rostro por parte de la webcam, y la entrada de audio por medio del micrófono, es una sencillez que se expone en una sola pantalla, donde no pierdes el control para realizar cualquier corte y luego reanudar.

Sobre cada escena puedes usar una gran variedad de fuentes, como también una diversidad de organizaciones, con un tipo de ubicación sencilla para que no pases nada por alto, en el caso de querer añadir un dispositivo con entrada de audio como un micrófono sólo presionas en el signo "+".

Ese proceso se repite con cada tipo de software, por ello se denomina como un camino sencillo en teoría, el menú permite cambiar e integrar sin problemas, donde no debe faltar la fuente que te va a ayudar a integrar la captura de pantalla, esto a su vez te permite cambiar y crear las escenas del juego que sean más llamativas.

Para llevar a cabo este proceso debes usar la clave de transmisión, para guardar todos los ajustes y simplemente indicar que inicie el streaming, y todo lo puedes seguir vigilando por medio de vista previa, en caso de que quieras poner a prueba lo que demanda una transmisión a tu PC puedes iniciar la transmisión con un "?", para que se envíe la transmisión, pero no se muestra en el canal, y de ese modo puedes detectar fallas.

Al encontrarte retransmitiendo por medio del software OBS, puedes comprometer algunos recursos de tu PC, esto se puede disminuir por medio de las opciones de vídeo, para que bajes la calidad de la salida de transmisión, puedes colocar 720p como una medida aceptable, y usar la velocidad de 30 frames por segundo.

Otro ajuste que puedes modificar es el de la prioridad, ya que, en vez de estar en alto, puedes acudir a la sección avanzada que posee la configuración, otros detalles preestablecidos se pueden elegir para CPU que sean lentas, hasta la codificación del hardware puede cambiar para tener mejores resultados.

Pero no debes limitar todas las funciones para que el software funcione de forma correcta, aunque desactivar la vista previa es otro medio que te puede ayudar a no consumir tantos recursos, en lo que debes pensar es en cubrir mayor potencia a las transmisiones a medida que la cuenta vaya avanzando.

El tema del rendimiento tiene muchas vertientes, porque muchos prefieren un ordenador gaming, y otros con un ordenador decente pueden salir adelante con las transmisiones, todo depende de cómo te sientas mejor trabajando, así que lo más recomendable es ir probando hasta dar el paso definitivo en las transmisiones.

- **Dell XPS 13 con gráficos Intel HD**

Cuando se piensa en transmitir por medio de un portátil, la incorporación de gráficos Intel HD puede causar curiosidad y controversia, sobre todo porque puede necesitar de una mayor dosis de paciencia, porque la falta de gráficos es un inconveniente para la codificación de hardware y la GPU, porque se satura al 100% para cualquier juego.

Según el juego el tipo de transmisión que realices, puedes empezar a probar con 720p, de ese modo vas a trabajar con una de las configuraciones más bajas, esta oportunidad ayuda que puedas adaptarte a la capacidad del equipo, pero sin dejar de promediar cuánto fps eres capaz de cubrir, de ese modo observas qué tanto se ve afectado.

Cuando se logre tener un CPU ligero, puedes tener un portátil capaz de reproducir y transmitir, imponiendo los límites de 30 fps que sea capaz de tolerar, esto causa que no surjan interrupciones durante la transmisión, pero lo que si sucede es que notas la compresión del vídeo sobre algunas escenas, pero considerando el nivel, es aceptable.

Es necesario experimentar con recursos gráficos e invertir, porque de ese modo las retransmisiones ganan el valor que esperas para llamar la atención de la audiencia, para que no tengas que aplicar una comprensión posterior ni mucho menos.

- **Xiaomi Pro – Nvidia MX150**

Se conoce como un Ultrabook Xiaomi Pro que posee un CPU de cualidad i5-8250U, además de tener cuatro núcleos, y 8 GB de RAM, en lo que respecta a los gráficos posee Nvidia MX150, de ese modo vas a contar con un controlador que es capaz de superar tus expectativas, el MX150 es destinado para una versión móvil por parte del GT 1030.

Esta clase de cualidades ofrece lo que cualquier GPU no logra integrar, todo esto se encuentra sobre una Ultrabook totalmente delgada, este acceso significa que permite usar la codificación del hardware para proporcionar una buena calidad de transmisión, y permite elevar la propia calidad del contenido hasta dónde desees.

En la totalidad de opciones gráficas proporciona una calidad de 1080p, este rendimiento es correspondido por un rendimiento similar de 720p, aunque el espectador recibe una mejor experiencia sobre la transmisión, sin ningún tipo de salto por compresión, por ello un ajuste de 60 fps es aceptado sin ningún tipo de limitación ni se nota durante las escenas.

Usar un Ultrabook que posea una GPU dedicada de gama baja, es suficiente para responder a las trasmisiones en 720p, de ese modo vas a lograr que el streaming se pueda visualizar bajo una alta calidad, con un funcionamiento optimizado.

- **El uso de portátiles diseñadas para videojuegos**

Puedes probar con algunos ordenadores que estén orientados para soportar juegos, ya que eso te garantiza una mejor respuesta, además son equipos que soportan todo tipo de actualizaciones, el espacio para la transmisión queda asegurado por medio de buenos equipos que tengan potencia.

Algunos ordenadores que puedes probar con total recomendación es la GL62M-7REX, aunque puede ofrecer una transmisión baja, si se compara con un equipo que posea GPU de gama media y que sea moderna, por este motivo para transmitir desde una portátil, puedes hallar diferentes alternativas para que esto sea cada vez más sencillo.

Además, cuentas con el uso de un software gratuito para cumplir con cualquier finalidad de transmisión, y con una configuración baja, junto la función de algún hardware, puedes obtener brillantes resultados para que emitas una imagen correcta ante tu comunidad.

Trucos para la captura de momentos épicos en Twitch

Ver cualquier canal de Twitch, es un sinónimo de hallar alguna parte del contenido que quisieras compartir o que resulta impactante, sin importar el motivo que llame la atención puedes llevar a cabo alguna captura para compartir esa clase de momentos o escenas especiales, esto es sencillo y se está volviendo popular.

La función de clips que posee Twitch facilita esto, porque sólo con presionar algunos clics, puedes exponer lo más impactante de cualquier canal que hayas visto, pero es una modalidad que poseen los canales con suscripción, en el caso de tener clips, debes saber la forma correcta de usarlos al seguir estos pasos:

1. Coloca el canal de Twitch que has elegido, luego verifica si tiene disponible la opción de clips, porque está limitada para algunas cuentas, para comprobar debes buscar el botón de suscripción púrpura para iniciar, además los clips pueden ser obtenidos sobre contenido en vivo, y no funciona con contenido pregrabado.

2. Desplaza el cursor sobre el reproductor de vídeo, para que hagas clic en el icono de clip, por medio de la parte

inferior derecha, de ese modo un videoclip de 30 segundad inicia en una pestaña nueva, según la modalidad de Twitch, tienes hasta 25 segundos anteriores para capturar desde que hayas hecho clic y 5 segundos posteriores.

3. Haz clic sobre la pestaña para que puedas visualizar el clip que acabas de grabar, luego puedes usar y aprovechar los botones de algunas redes sociales como Twitter, Facebook y Reddit para compartir el contenido, o puedes copiar el enlace y enviarlo, una vez que observen el clip, los usuarios podrán ver tu nombre en la parte superior y para guardar el clip, puedes hacer clic derecho y seleccionar "guardar vídeo como".

De qué forma generar audiencia en tu cuenta de Twitch

En Twitch se encuentra un número llamativo de celebridades, ya que es una plataforma que ofrece el modo de monetizar y desarrollar contenido como ninguna otra, esta modalidad y libertad para llevar a cabo un streaming es algo que pedían los fanáticos de este tipo de contenido, donde se mantiene un estilo elegante y con diversidad de temática.

Los mejores streamers se dedica a sus cuentas con un alto nivel profesional, pero lo que más aman los usuarios es su personalidad para relatar algún contenido o desarrollarlo, por ello todavía hay espacio para muchas cuentas, siempre y cuando te dediques a ofrecer originalidad y un modo distinto de relatar ese tema.

El perfil que debes reunir para formar una comunidad, es la de un streamer que sea humilde, amable, y sobre todo que le dedique mucha atención a la interacción, porque el trato que emitas en el chat tiene un valor importante para cualquier comunidad, así que es un deber tratar a las personas como lo más valioso de la cuenta.

Pero el crecimiento de la audiencia también tiene que ver con los componentes o detalles de transmisión, esto posee el nombre de cumplir con la; Oportunidad, Presencia, Interacción, Consistencia y Habilidad, estos son los puntos en los que debes concentrarte para crear un nombre de verdad.

En Twitch puedes llegar muy lejos, sobre todo cuando agotas todas las opciones para crecer como lo es formar alguna asociación, además puedes eventualmente brindar a los usuarios algunos beneficios para crear una suscripción mensual, lo cual crea exclusividad y al mismo tiempo es una señal o símbolo de ingresos para ti.

Sin importar el nivel de streamer que seas, debes apuntarte a mejorar, y poner en práctica todas las acciones que son tendencia dentro de este medio, puedes tomar en cuenta estas recomendaciones para que tu cuenta escale:

- **Encuentra y define tu nicho**

Para destacar en un entorno con 2 millones de streamer, el primer paso básico con el que debes cumplir es generar una buena idea o temática, la cual al mismo tiempo debe diferenciarse del resto, porque probablemente ya sea tratada por otra cuenta, así que debes especializarte sobre algo puntual que puedas transmitir.

Aunque cualquier temática que elijas, debe ser dominada por completo por ti, de ese modo puedes desarrollar contenido de calidad, para ganarte el aprecio de los espectadores y transmitirle que cuentan contigo, se necesita contagiar diversión, risas, entretenimiento y sobre todo interés para que te continúen viendo, todo esto bajo la naturalidad.

- **Se constante**

Es vital que mantengas a tu cuenta bajo la consistencia, porque de ese modo los usuarios te van a tratar y agendar como si fueras un programa de TV, así que cada vez que vayas a estar en vivo, puedes crear un horario, para que sea fácil promocionarlo y que los usuarios recuerden verlo sin tener que ver la publicidad.

- **Construye alianzas**

Gran parte del éxito de los streamers son las sociedades, porque es una forma de compartir y multiplicar el sentido del humor, además eleva la interacción de los usuarios porque se fusionan ambas comunidades, por ello tener un streaming con alguien con logros notables o incluso con una celebridad sobre tu temática, atrae un alto nivel de tráfico.